# RECUEIL
DE
# MORCEAUX DE CHANT
## A UNE, DEUX ET TROIS VOIX,

A L'USAGE

DES ÉCOLES NORMALES ET DES ÉCOLES PRIMAIRES.

PAROLES

DE M. DELCASSO,

DOYEN DE LA FACULTÉ DES LETTRES DE STRASBOURG,

MUSIQUE ARRANGÉE

PAR M. GROSS,

MAÎTRE-ADJOINT A L'ÉCOLE NORMALE.

---

STRASBOURG,
CHEZ DERIVAUX, LIBRAIRE, RUE DES HALLEBARDES, 24.
PARIS,
DEZOBRY, MADELEINE ET Cⁱᵉ, RUE DU CLOITRE-SAINT-BENOIT, 10.
Mᵐᵉ ARTHUS BERTRAND, RUE HAUTEFEUILLE, 21.

*Librairie de* **DERIVAUX** *à Strasbourg.*
**DEZOBRY, MAGDELEINE & C**ie, *libraires, à Paris,*
rue du Cloître-Saint-Benoît, 10.

# RECUEIL
DE
# MORCEAUX DE CHANT
## A UNE, DEUX ET TROIS VOIX

A L'USAGE

DES ÉCOLES NORMALES ET DES ÉCOLES PRIMAIRES

| PAROLES | MUSIQUE ARRANGÉE |
|---|---|
| **DE M. DELCASSO** | **PAR M. GROSS** |
| Recteur de l'Académie de Strasbourg | maître adjoint à l'École normale |

1 vol. grand in-12 : 75 cent.

## PROSPECTUS.

L'Allemagne possède, pour les écoles primaires, toute une littérature lyrique du plus grand prix. Des mélodies à la fois simples et riches y sont associées à des paroles tour à tour graves ou légères, gaies ou mélancoliques, mais toujours morales et religieuses. La variété des airs permet de les graduer de manière à conduire les enfants du simple au composé, et de les façonner successivement à toutes les règles, à toutes les nuances de la mesure et de l'harmonie. Les petits poëmes adaptés à cette musique naïve et suave ont un charme de sentiment et une élévation de pensée qu'on ne rencontre pas d'ordinaire dans nos chansonnettes françaises, et qui les rend surtout propres à l'éducation du peuple. Sur les deux rives du Rhin, on entend souvent, dans les villes et dans les campagnes, la jeunesse des écoles répéter en chœur, avec un accord remarquable, ces couplets qui, sous une forme familière, prêchent l'amour du travail et des vertus privées, le goût des plaisirs champêtres, le dévouement à la patrie, la grandeur et les bienfaits de Dieu. Ces salutaires habitudes de l'enfance se conservent ensuite à tous les âges de la vie; les mêmes concerts retentissent autour de la charrue et dans les ateliers, faisant circuler, sous la douce recommandation de la poésie et du chant, les sages maximes, les nobles idées et les affections saintes, qui forment comme le patrimoine de l'humanité.

Les deux auteurs de notre recueil ont voulu naturaliser en France ce cours de morale en chansons. M. Gross, professeur à l'École normale de Strasbourg, s'est chargé de la partie musicale; M. Delcasso a reproduit, à sa façon, les petits poëmes allemands. Ce n'est pas une traduction, c'est une imitation, souvent même assez éloignée. Il a emprunté aux textes originaux l'idée première, la couleur générale, mais non les détails, et encore moins l'expression, qui doit, avant tout, être française et se fondre avec la mélodie et le rhythme de l'air.

Nous croyons que ces chants seront utiles dans les écoles et qu'ils pourront même être goûtés dans les salons.

Le recueil que nous offrons aujourd'hui au public se compose des morceaux suivants:

| SUJETS RELIGIEUX. | Pages | SUJETS MORAUX. | Pages |
|---|---|---|---|
| 1 Notre père | 29 | 11 Le chant | 15 |
| 2 Prière du matin | 1 | 12 Chant du soir | 3 |
| 3 Prière du soir | 49 | 13 Au soleil couchant | 7 |
| 4 *Bénédicité* avant le repas | 56 | 14 L'enfant et les fleurs (dialogue) | 5 |
| 5 *Grâces* après le repas | 22 | 15 La prière des fleurs | 25 |
| 6 Dieu sait tout | 54 | 16 L'agnelet (apologue) | 24 |
| 7-8 La petite église | 50-52 | 17 L'écolier laborieux | 14 |
| 9 L'ange de paix | 44 | 18 Le jeu après le travail | 58 |
| 10 Au revoir! Ou l'immortalité | 46 | 19 La vieille chansonnette | 26 |

|   |   | Pages |   |   | Pages |
|---|---|---|---|---|---|
| 20 | Le vrai bonheur | 28 | 40 | Chant matinal du guerrier | 6 |
| 21 | La vie est bonne | 59 | 41-42 | Marche militaire | 40-42 |
| 22 | Honneur et bonheur | 48 | | **SUJETS ENFANTINS.** | |
| 23 | Sur la mort d'un enfant | 60 | 43 | L'enfant à cheval sur un bâton | 27 |
| | **NATURE CHAMPÊTRE** | | 44 | L'abeille | 16 |
| 24 | Le matin | 19 | 45 | Le sapin | 9 |
| 25 | Chant du matin | 62 | 46 | Les jeux de l'enfance | 32 |
| 26 | Une matinée de printemps | 23 | | **SUJETS NATIONAUX.** | |
| 27 | Le retour du printemps | 4 | 47-48 | Le p'tit caporal | 34-36 |
| 28 | Chant des oiselets | 20 | 49-50 | Napoléon | 38-39 |
| 29 | Oiseau, fleur et ruisseau | 11 | | | |
| 30 | Sommeil des fleurs | 18 | | **CANONS.** | |
| 31 | La brebis | 10 | 51 | La cloche du matin (4 parties) | 8 |
| 32 | La forêt | 17 | 52 | La cloche du soir (3 parties) | 8 |
| 33 | La patrie (dialogue) | 12 | 53 | Hospitalité (3 parties) | 18 |
| | | | 54 | Discrétion (4 parties) | 21 |
| | **ÉTATS ET PROFESSIONS.** | | 55 | Le chanteur (4 parties) | 22 |
| 34 | Le réveil du laboureur | 2 | 56 | Rossignol (2 parties) | 37 |
| 35 | Le pâtre matinal | 31 | 57 | Plaisir permis (4 parties) | 47 |
| 36 | Les batteurs en grange | 64 | 58 | La vie est bonne (2 parties) | 49 |
| 37 | Le moulin à blé | 55 | 59 | Printemps (4 parties) | 51 |
| 38 | Le potier | 30 | 60 | Moralité du chant (2 parties) | 53 |
| 39 | Le chasseur | 33 | 61 | Chanter en chœur (3 parties) | 57 |

## Chez les mêmes libraires:

|   | fr. c. |
|---|---|
| **Nouvelle calligraphie allemande**, exécutée sur les modèles prescrits dans les écoles d'Allemagne. 15 feuilles in-fol. formant 84 modèles numérotés, prix de la collection | 1 — |
| Chaque feuille se vend séparément | » 10 |
| **Fac simile d'écritures allemandes.** Collection graduée de 50 sortes d'écritures. 1 cachier in-8° de 80 pages br. | » 80 |
| **Grammaire allemande**, par P. ROUSTAN. 6ᵉ édition, 1 fort vol. in-12 cart. | 3 — |
| Séparément : la première partie. *Méthode*, cart. | 1 75 |
| deuxième partie. *Syntaxe* | 1 75 |
| **Petits cours de thèmes allemands**, suivis des tableaux des verbes irréguliers et d'un vocabulaire, par le même ; 4ᵉ édit. entièrement revue et améliorée. 1 v. in-18, cart. | 1 — |
| — Le corrigé, *allemand seul* | » 75 |
| **Petit cours de versions allemandes**, suivis d'un vocabulaire, par le même ; 14ᵉ édition, 1 vol. in-18, cart. | » 60 |
| — Le corrigé, *français seul*, 2ᵉ édition | » 75 |
| **Cours de versions allemandes** et exercices phraséologiques, suivies d'un vocabulaire raisonné, par le même : 6ᵉ édition, 1 vol. in-12, cart. | 1 50 |
| — Le corrigé, *français seul* | 1 — |
| **Abécédaire et premier livre de lecture allemande,** par GAPP : in-12 de 36 pages | » 20 |
| **Second livret de lecture allemande**, par le même : in-12 de 24 pages | » 20 |

|  | fr. c. |
|---|---|
| **Tableaux de lecture allemande,** par le même; en 14 feuilles . . . . . . . . . . . . . . . | 1 50 |
| **Secondes lectures allemandes,** suivies d'un vocabulaire, par HEINHOLD; 1 vol. in-12, cart. . . . . . . | 1 50 |
| **Anthologie allemande.** Recueil de morceaux modèles de littérature allemande, par M. Spitz, ancien supérieur du Petit-Séminaire de Strasbourg; 2 vol. in-12 cart. . . . | 6 — |
| **Der wahre Anbeter Gottes und fromme Verehrer Mariæ.** Ein vollstændiges Gebetbuch für katholische Christen, von F. K. SPITZ, Pfarrer am Münster von Strassburg; 1 Band 18 von 628 Seiten, br. . . . . . | 2 — |
| — bas. tr. marb. . . . . . . . . . . . . . | 3 — |
| — — d. s. tr. . . . . . . . . . . . . . . | 3 50 |
| **Die Stunden des Pilgers** nach der himmlischen Heimath, gewidmet dem Gebete, der Betrachtung und dem Genusse der heiligen Sakramente, herausgegeben von CAZEAUX; 1 Band 18 von 430 Seiten; relié en basane gaufrée. . . | 1 80 |
| — — relié en basane gaufrée, tr. dorée. . . . . . . | 2 25 |
| **Le Fervent Chrétien,** ou recueil de prières, par l'abbé F. CH. SPITZ, archiprêtre; 1 vol. in-32 de 700 pages, 2ᵉ édition imprimée sur beau papier . . . . . . | 2 — |
| — relié en basane gaufrée . . . . . . . . . . | 3 — |
| — relié en basane gaufrée, tr. dorée. . . . . . . | 4 — |
| **Calligraphie française** (coulée anglaise), suivie de modèles de bâtarde, de ronde et de gothique; 24 feuilles in-fol. formant 184 modèles gradués et numérotés; prix de la collection (2ᵉ édition gravée) . . . . . . | 1 20 |
| **Paraboles de Krummacher,** traduit de l'allemand par M. BAUTAIN; 1 vol. in-12, cart . . . . . . . | 1 50 |
| **Paraboles choisies,** à l'usage des écoles primaires et enfantines, par le même; 1 vol. in-18, cart. . . . . | » 50 |
| **Essai de calcul mental,** par VOULOT, ancien inspecteur de l'instruction publique; br., in-12, 3ᵉ édition. . . | 3 — |
| **Les phénomènes et les curiosités de la nature,** album de la jeunesse studieuse. Dessins de Lemaître, texte par M. Munerelle. 1 beau vol. in-4°, contenant 37 pl. color., prix cart. avec couverture dorée . . . . . | 24 — |
| — En demi-reliure, tr. dorée . . . . . . . . . | 26 — |
| **Fabeln La Fontaine,** übersetzt von P. J. JÆGER, Professor der deutschen Sprache am kaiserlichen Lyceum von Poitiers. 1 Band 18 von 413 Seiten, br. . . . . | 3 — |

## COLLECTION POPULAIRE DES AUTEURS ANCIENS.

Texte, traduction et notes sous la direction de M. AL. KERN.

*En vente:*

|  |  |
|---|---|
| **Horace,** trad. par KAYSER; 1 vol. grand in-8° . . . . | 2 — |
| **Salluste. Catilina** . . . . . . . . . . . . | » 60 |

*P. S.* Tous les ouvrages ci-dessus seront expédiés *franco* lorsqu'on joindra à la demande un mandat sur la poste; ou qu'on autorisera à faire suivre en remboursement. Des avantages particuliers seront faits aux établissements qui prendront en nombre.

---

STRASBOURG, TYPOGRAPHIE DE G. SILBERMANN.

# RECUEIL

DE

# MORCEAUX DE CHANT

## A UNE, DEUX ET TROIS VOIX

A L'USAGE

DES ÉCOLES NORMALES ET DES ÉCOLES PRIMAIRES.

PAROLES

DE M. DELCASSO,

RECTEUR DE L'ACADÉMIE DE STRASBOURG.

MUSIQUE ARRANGÉE

PAR M. GROSS,

MAÎTRE-ADJOINT A L'ÉCOLE NORMALE.

*5e édition revue et corrigée*

STRASBOURG,

CHEZ DERIVAUX, LIBRAIRE, RUE DES HALLEBARDES, 24.

1856.

STRASBOURG, IMPRIMERIE DE G. SILBERMANN.

# AVANT-PROPOS.

L'Allemagne possède, pour les écoles primaires, toute une littérature lyrique du plus grand prix. Des mélodies à la fois simples et riches y sont associées à des paroles tour à tour graves ou légères, gaies ou mélancoliques, mais toujours morales et religieuses. La variété des airs permet de les graduer de manière à conduire les enfants du simple au composé, et de les façonner successivement à toutes les règles, à toutes les nuances de la mesure et de l'harmonie. Les petits poëmes adaptés à cette musique naïve et suave ont un charme de sentiment et une élévation de pensée qu'on ne rencontre pas d'ordinaire dans nos chansonnettes françaises, et qui les rend surtout propres à l'éducation du peuple. Sur les deux rives du Rhin, on entend souvent, dans les villes et dans les campagnes, la jeunesse des écoles répéter en chœur, avec un accord remarquable, ces couplets qui, sous une forme familière, prêchent l'amour du travail et des vertus privées, le goût des plaisirs champêtres, le dévouement à la patrie, la grandeur et les bienfaits de Dieu. Ces salutaires habitudes de l'enfance se conservent ensuite à tous les âges de la vie ; les mêmes concerts retentissent autour de la charrue et dans les ateliers, faisant circuler, sous la douce recommandation de la poésie et du chant, les sages maximes, les nobles idées et les affections saintes, qui forment comme le patrimoine de l'humanité.

Les deux auteurs de notre recueil ont voulu naturaliser en France ce cours de morale en chansons. M. Gross, professeur à l'École normale de Strasbourg, s'est chargé de la partie musicale ; M. Delcasso a reproduit, à sa façon, les petits poëmes allemands. Ce n'est pas une traduction, c'est une imitation, souvent même assez éloignée. Il a emprunté aux textes originaux l'idée première, la couleur générale, mais non les détails, et encore moins l'expression, qui doit, avant tout, être française et se fondre avec la mélodie et le rhythme de l'air.

La collection que nous donnons au public se composera de quatre petits cahiers, chacun d'une feuille, et du prix modique de 15 centimes. Nous croyons que ces chants seront utiles dans les écoles et qu'ils pourront même être goûtés dans les salons.

L'ÉDITEUR.

# TABLE DES MATIÈRES.

### SUJETS RELIGIEUX.

|  |  | Pages |
|---|---|---|
| 1 | Notre père | 29 |
| 2 | Prière du matin | 1 |
| 3 | Prière du soir | 49 |
| 4 | *Bénédicité* avant le repas | 56 |
| 5 | *Grâces* après le repas | 22 |
| 6 | Dieu sait tout | 54 |
| 7-8 | La petite église | 50-52 |
| 9 | L'ange de paix | 44 |
| 10 | Au revoir ! ou l'immortalité | 46 |

### SUJETS MORAUX.

| 11 | Le chant | 15 |
|---|---|---|
| 12 | Chant du soir | 3 |
| 13 | Au soleil couchant | 7 |
| 14 | L'enfant et les fleurs (dialogue) | 5 |
| 15 | La prière des fleurs | 25 |
| 16 | L'agnelet (apologue) | 24 |
| 17 | L'écolier laborieux | 14 |
| 18 | Le jeu après le travail | 58 |
| 19 | La vieille chansonnette | 26 |
| 20 | Le vrai bonheur | 28 |
| 21 | La vie est bonne | 59 |
| 22 | Honneur et bonheur | 48 |
| 23 | Sur la mort d'un enfant | 60 |

### NATURE CHAMPÊTRE.

| 24 | Le matin | 19 |
|---|---|---|
| 25 | Chant du matin | 62 |
| 26 | Une matinée de printemps | 23 |
| 27 | Le retour du printemps | 4 |
| 28 | Chant des oiselets | 20 |
| 29 | Oiseau, fleur et ruisseau | 11 |
| 30 | Sommeil des fleurs | 18 |
| 31 | La brebis | 10 |
| 32 | La forêt | 17 |
| 33 | La patrie (dialogue) | 12 |

## ÉTATS ET PROFESSIONS.

|  | Pages |
|---|---|
| 34 Le réveil du laboureur | 2 |
| 35 Le pâtre matinal | 31 |
| 36 Les batteurs en grange | 64 |
| 37 Le moulin à blé | 55 |
| 38 Le potier | 30 |
| 39 Le chasseur | 33 |
| 40 Chant matinal du guerrier | 6 |
| 41-42 Marche militaire | 40-42 |

## SUJETS ENFANTINS.

| 43 L'enfant à cheval sur un bâton | 27 |
|---|---|
| 44 L'abeille | 16 |
| 45 Le sapin | 9 |
| 46 Les jeux de l'enfance | 32 |

## SUJETS NATIONAUX.

| 47-48 Le p'tit caporal | 34-36 |
|---|---|
| 49-50 Napoléon | 38-39 |

## CANONS.

| 51 La cloche du matin (4 parties) | 8 |
|---|---|
| 52 La cloche du soir (3 parties) | 8 |
| 53 Hospitalité (3 parties) | 18 |
| 54 Discrétion (4 parties) | 21 |
| 55 Le chanteur (4 parties) | 22 |
| 56 Rossignol (2 parties) | 37 |
| 57 Plaisir permis (4 parties) | 47 |
| 58 La vie est bonne (2 parties) | 49 |
| 59 Printemps (4 parties) | 51 |
| 60 Moralité du chant (2 parties) | 53 |
| 61 Chanter en chœur (3 parties) | 57 |

## TABLE SUIVANT L'ORDRE ALPHABÉTIQUE.

|  |  | Pages |
|---|---|---|
| 1 | Agnelet à blanche toison | 24 |
| 2 | A son réveil gazouiller | 20 |
| 3 | Au bruit du tambour (à 2 voix) | 40 |
| 4 | Au bruit du tambour (à 3 voix) | 42 |
| 5 | Au milieu des chants | 53 |
| 6 | Au pays comme il fait beau | 12 |
| 7 | Au point du jour je mène | 31 |
| 8 | Aux plaisirs permis | 47 |
| 9 | Beau soleil | 7 |
| 10 | Bénis Seigneur | 22 |
| 11 | Bour, bour, bourdonne à l'entour | 16 |
| 12 | C'est fête à l'école | 32 |
| 13 | C'est la cloche du saint manoir | 9 |
| 14 | C'était un capitaine (à 2 voix) | 34 |
| 15 | C'était un capitaine (à 3 voix) | 36 |
| 16 | Coucou, coucou | 4 |
| 17 | Da, da, da, au pas | 27 |
| 18 | Dans les vallons | 15 |
| 19 | De ma maisonnette | 26 |
| 20 | Din, din, din | 8 |
| 21 | Donne à tes enfants | 49 |
| 22 | Du ciel où les anges | 29 |
| 23 | Du Seigneur c'est la loi | 46 |
| 24 | Du soir douce haleine | 18 |
| 25 | En ce bas lieu | 49 |
| 26 | Enfants, Dieu qui vous aime | 56 |
| 27 | Hiver se retire | 51 |
| 28 | Hors du lit | 2 |
| 29 | Il est un nom bien beau (à 2 voix) | 38 |
| 30 | Il est un nom bien beau (à 3 voix) | 39 |
| 31 | J'aime à chanter | 57 |
| 32 | Je suis faible et petit | 14 |
| 33 | La nuit pliant ses voiles | 62 |
| 34 | La nuit tombe silencieuse | 5 |
| 35 | L'aube rayonne | 64 |
| 36 | Le bon Dieu fit descendre | 44 |
| 37 | Le ciel se colore | 23 |
| 38 | Le front orné | 17 |

|   |   | Pages |
|---|---|---|
| 39 | Le jour naissant | 33 |
| 40 | Les cieux rayonnent | 19 |
| 41 | Le temps bientôt ravira | 50 |
| 42 | Le torrent bouillonne | 55 |
| 43 | L'étude a suspendu son cours | 58 |
| 44 | Levons-nous, jeunes convives | 22 |
| 45 | L'ombre s'enfuit | 1 |
| 46 | Mon beau sapin | 9 |
| 47 | Naguère au jardin coquet | 5 |
| 48 | Petit oiseau chéri | 11 |
| 49 | Pour former des vases de prix | 30 |
| 50 | Quand l'alouette se réveille | 54 |
| 51 | Respectons l'honneur et la foi | 48 |
| 52 | Rossignol dans les bois | 37 |
| 53 | Salut à l'hôte | 18 |
| 54 | Si la vie est ici-bas | 28 |
| 55 | Sous la rosée | 25 |
| 56 | Sur l'herbe soyeuse | 10 |
| 57 | Trop gratter cuit | 21 |
| 58 | Un bel enfant | 60 |
| 59 | Viens aurore | 6 |
| 60 | Voyez là-haut (à 2 4) | 52 |
| 61 | Voyez là-haut (à 6 8) | 50 |

## ERRATA.

Page 2, 4ᵉ mesure, 2ᵉ temps, mettez *do re* au lieu de *do mi*.
- 5, 4ᵉ portée, 1ʳᵉ mesure, 2ᵉ temps, un *sol* au lieu d'un *la*.
- 31, 2ᵉ portée, 4ᵉ mesure, 3ᵉ temps, un point après la croche.
- 35, une barre de mesure avant les deux blanches.
- 42, 6ᵉ portée, 2ᵉ mesure, un point après la croche.
- 64, 3ᵉ portée, 1ʳᵉ mesure, ajoutez un demi-soupir.
- 64, 3ᵉ portée, 3ᵉ mesure, ajoutez un demi-soupir.

# RECUEIL

DE

# MORCEAUX DE CHANT

## A UNE, DEUX ET TROIS VOIX,

A L'USAGE

DES ÉCOLES NORMALES ET DES ÉCOLES PRIMAIRES.

PAROLES

### DE M. DELCASSO,

DOYEN DE LA FACULTÉ DES LETTRES DE STRASBOURG.

MUSIQUE ARRANGÉE

### PAR M. GROSS,

MAÎTRE-ADJOINT A L'ÉCOLE NORMALE.

STRASBOURG,

CHEZ DERIVAUX, LIBRAIRE, RUE DES HALLEBARDES, 24.

1855.

Les Auteurs et l'Éditeur se réservent le droit de propriété à l'étranger.

STRASBOURG, IMPRIMERIE DE G. SILBERMANN.

# AVANT-PROPOS.

L'Allemagne possède, pour les écoles primaires, toute une littérature lyrique du plus grand prix. Des mélodies à la fois simples et riches y sont associées à des paroles tour à tour graves ou légères, gaies ou mélancoliques, mais toujours morales et religieuses. La variété des airs permet de les graduer de manière à conduire les enfants du simple au composé, et de les façonner successivement à toutes les règles, à toutes les nuances de la mesure et de l'harmonie. Les petits poëmes adaptés à cette musique naïve et suave ont un charme de sentiment et une élévation de pensée qu'on ne rencontre pas d'ordinaire dans nos chansonnettes françaises, et qui les rend surtout propres à l'éducation du peuple. Sur les deux rives du Rhin, on entend souvent, dans les villes et dans les campagnes, la jeunesse des écoles répéter en chœur, avec un accord remarquable, ces couplets qui, sous une forme familière, prêchent l'amour du travail et des vertus privées, le goût des plaisirs champêtres, le dévouement à la patrie, la grandeur et les bienfaits de Dieu. Ces salutaires habitudes de l'enfance se conservent ensuite à tous les âges de la vie; les mêmes concerts retentissent autour de la charrue et dans les ateliers, faisant circuler, sous la douce recommandation de la poésie et du chant, les sages maximes, les nobles idées et les affections saintes, qui forment comme le patrimoine de l'humanité.

Les deux auteurs de notre recueil ont voulu naturaliser en France ce cours de morale en chansons. M. Gross, professeur à l'École normale de Strasbourg, s'est chargé de la partie musicale; M. Delcasso a reproduit, à sa façon, les petits poëmes allemands. Ce n'est pas une traduction, c'est une imitation, souvent même assez éloignée. Il a emprunté aux textes originaux l'idée première, la couleur générale, mais non les détails, et encore moins l'expression, qui doit, avant tout, être française et se fondre avec la mélodie et le rhythme de l'air.

La collection que nous donnons au public se composera de quatre petits cahiers, chacun d'une feuille, et du prix modique de 15 centimes. Nous croyons que ces chants seront utiles dans les écoles, et qu'ils pourront même être goûtés dans les salons.

L'ÉDITEUR.

# PRÉFACE.

En publiant le présent recueil, nous avons eu pour but 1° d'offrir aux instituteurs de la jeunesse un choix d'exercices irréprochables pour la mélodie et pour le caractère moral du texte; 2° de leur exposer la méthode qui nous paraît la plus convenable pour enseigner le chant aux enfants.

Le nombre des morceaux à l'usage des commençants est extrêmement restreint, on s'accorde à reconnaître qu'en France il y a pénurie de mélodies faciles et peu développées, telles qu'il les faut pour les premiers exercices; ajoutons qu'il n'en est guère que l'élève, au sortir de l'école, continue à chanter quand il est adolescent ou homme fait. Tous les maîtres de musique que nous avons entretenus sont unanimes sur ce point. Ils sont aussi d'accord avec nous pour ne pas admettre des cantilènes tirées du répertoire des théâtres : les accents passionnés de la scène sont déplacés sur les lèvres des enfants, supposé même qu'on ait essayé de les corriger par une substitution de texte. Cet expédient ne saurait cacher longtemps l'origine véritable du morceau, les jeunes gens retrouvent tôt ou tard le texte primitif, et l'école devient ainsi complice des chansons tout au moins déplacées que chantent les élèves. C'est pour remédier à ces inconvénients que le recueil suivant a été composé. On a emprunté à l'Allemagne de petits poëmes où respirent les sentiments religieux et les pensées morales que l'école doit imprimer dans les jeunes cœurs à l'aide des simples et gracieuses mélodies qui les recommandent.

Pour faciliter aux maîtres et aux élèves l'étude de ces chants, nous allons leur exposer la méthode qui nous semble la plus propre à les conduire facilement et agréablement au but.

On a longtemps augmenté les difficultés de l'étude de la musique vocale, en voulant dès l'abord la rendre complète par l'enseignement préalable de la théorie ; de telle sorte que les enfants perdaient tout leur temps aux préliminaires et ne chantaient que très-tard. La musique, si attrayante par elle-même, devenait ainsi pour eux pénible, désagréable, rebutante même. Nous suivons une marche opposée et nous débutons par la pratique du chant. Ce procédé est fondé en raison sur la nature et l'expérience : en effet, c'est en lui parlant que la mère apprend à son enfant à parler ; c'est en travaillant sous ses yeux que l'artisan façonne son apprenti au savoir-faire manuel, et c'est en chantant à ses oreilles qu'on enseigne sûrement le chant à l'enfant.

Voici donc le principe fondamental : *la pratique du chant d'abord, l'étude de la théorie ensuite.*

Ce principe est généralement reconnu en Allemagne, où il s'est établi sous l'autorité de l'expérience.

Il n'est pas nouveau en France, car, dès 1842, M. Vivien, alors directeur de l'École normale de Strasbourg, nous en recommandait l'application dans les écoles.

Ce principe posé, voici quelles en sont les conséquences :

1° Les enfants chantent dès leur entrée à l'école, à l'âge de cinq ans.

Ils apprennent les morceaux par imitation, par le seul moyen de l'oreille; nous chantons les airs avec les paroles, les élèves les répètent jusqu'à ce qu'ils sachent d'une manière satisfaisante. Ils goûtent ainsi dès l'abord le plaisir de chanter; leur oreille se forme, leur voix se développe, la mémoire des sons s'exerce, le sentiment du beau s'éveille en eux par le charme des mélodies et par le choix judicieux des morceaux.

Nous allons immédiatement au devant d'une objection, sérieuse en apparence, qu'on nous fera peut-être en qualifiant ce procédé de *routine*.

Ce mot ne nous effraie pas, si l'on entend par routine une bonne habitude, sûre d'elle-même et contractée dans les conditions rigoureuses de l'art. Cette *routine* est infaillible, parce que le maître chante les morceaux avec toute la perfection de la théorie, et que les enfants les répètent jusqu'à ce qu'ils les redisent convenablement, c'est-à-dire conformément aux règles. La marche opposée ne produit qu'obscurité et dégoût; il n'y a rien pour l'esprit et pour le cœur de l'enfant.

2° Nous graduons les morceaux, afin de former peu à peu l'élève, selon la nature de sa voix, à une intonation juste, quels que soient les intervalles; mais encore pour lui faire pratiquer d'avance et suivant une progression raisonnée, ce que la théorie lui fera découvrir et comprendre plus tard, à l'aide des chants qu'on lui aura mis dans la mémoire. Cette gradation se fait sous le triple point de vue de la mesure, de la mélodie et du rhythme. Nous commençons par des morceaux à deux temps; les élèves battent la mesure en chantant, et ils étudient une vingtaine de morceaux au moins, exclusivement dans cette mesure, pour qu'ils en acquièrent l'habitude. La mesure à six temps, pouvant être battue en deux, succède naturellement à la première; viennent ensuite celles à trois et à neuf temps, puis celles à quatre et à douze, pour chacune desquelles on fait apprendre un nombre suffisant de morceaux dans l'intention de donner de l'assurance aux élèves. Plus tard ces morceaux se succèdent indistinctement.

De même que le sentiment de la mesure s'acquiert par l'exercice fréquent de chaque mesure en particulier, pendant un certain temps, de même la sûreté d'intonation s'acquiert par la répétition fréquente d'un même motif. Les morceaux sont donc gradués, autant que possible, de manière à reproduire les mêmes motifs mélodiques et rhythmiques plusieurs fois de suite. Cette reproduction est la condition nécessaire d'un enseignement fécond en résultats, d'une *routine* sûre d'elle-même : sans elle, la pratique est incertaine ; on n'arrive pas à l'infaillibilité de la voix et de l'oreille, seule garantie d'une bonne exécution.

Il nous a été matériellement impossible de ranger les morceaux de notre recueil dans l'ordre voulu par les principes ci-dessus énoncés ; mais nous allons présenter cette gradation par l'indication des numéros. Encore ici nous ne pouvons être complet, et ce n'est que lorsque 250 ou 300 morceaux auront été publiés, qu'il y aura assez de matériaux pour établir une marche graduée, telle que nous l'entendons. Voici l'ordre dans lequel nous proposons d'étudier ce recueil :

*Morceaux à deux temps :*

Pages 27, 10, 18, 21, 16, 28, 19, 25, 26, 22, 23, 18, 17, 30, 20, 52.

*Remarque :* Les morceaux à deux et trois voix, pouvant aussi être chantés à une voix, sont groupés indistinctement avec ces derniers.

*Morceaux à six temps :*

Pages 55, 61, 33, 44, 58, 50.

*Morceaux à trois temps.*

Pages 4, 51, 1, 3, 60, 38, 32, 2, 11, 7, 9, 6, 5, 31, 12.

V

*Morceaux à quatre temps.*

Pages 15, 29, 49, 59, 14, 40, 34, 62, 56, 46.

Les canons étant principalement destinés à préparer les élèves à l'exécution à deux et à trois parties, les maîtres s'en serviront quand ils croiront le moment opportun, pour faire chanter à deux parties, en commençant par les canons à deux voix, suivis de ceux à trois et à quatre voix.

Nous le répétons, cette classification ne saurait être absolue; elle ne répond pas entièrement à la progression que nous désirons établir; il faudrait à cet effet une plus grande abondance de matières. D'ailleurs l'aptitude des élèves d'une classe peut nécessiter des changements dont le maître est seul juge compétent.

3° L'enseignement de la théorie ne trouve sa place, pour les enfants, que vers l'âge de neuf ans, lorsque l'oreille, la voix, la mémoire sont suffisamment formées par trois années d'exercice.

Nous n'enseignons point la théorie d'une manière abstraite, à l'aide de définitions données *ex professo*. Tout en suivant une méthode rigoureuse, nous la faisons surgir comme accidentellement, à l'aide des morceaux appris, en appelant l'attention, *la réflexion* de l'enfant sur la pratique dont il a déjà acquis une certaine habitude.

Chaque définition est trouvée et chaque principe est formulé par l'enfant lui-même, sous la direction du maître. Puis de nouveaux exercices, toujours très-nombreux et toujours gradués, viennent s'ajouter aux chants déjà étudiés, pour que le disciple y relève l'application des vérités théoriques dont il a fait la découverte.

Ainsi nous commençons par les notions sur le système de notation avec les enfants de neuf ans. A cet effet ils répètent le morceau de la page 27, dans lequel ils reconnaissent aisément qu'il y a des sons hauts ou aigus, et des sons graves : la voix s'élève vivement en faisant deux bonds, et elle revient au point de départ par quatre petits pas, comme si elle descendait des échelons. Nous dessinons une échelle de cinq degrés au tableau noir, sur laquelle nous marquons, par des points, les deux bonds faits par la voix dans les deux premières mesures ; puis, pour marquer la troisième et la quatrième mesure, nous prolongeons les échelons et nous formons ainsi, sous les yeux des enfants, *la portée* de cinq lignes, sur laquelle on marque les sons aigus et les sons graves, ceux-ci au bas, ceux-là au haut de l'échelle. Nous n'allons pas plus loin dans une première leçon. Avec les morceaux des pages 2, 5 et 25, on répète l'expérience faite avec le n° 27, afin que tous les élèves aient une idée nette de la portée.

Dans une seconde leçon, nous leur apprenons que les points placés sur les lignes de la portée, appelés *notes* en général, ont reçu, pour qu'on puisse les distinguer facilement, les noms de *do, re, mi, fa, sol, la, si*.

Dans la troisième leçon, nous ferons remarquer dans les morceaux des pages 2, 3, etc., que la voix soutient certaines syllabes plus longtemps que d'autres, et nous leur montrerons que cette durée diverse est représentée par la figure des notes, qui ont la forme d'anneaux avec ou sans traits, de points avec ou sans crochets. Plusieurs leçons sont consacrées à l'étude de la valeur des notes.

Les silences correspondant aux notes sont examinés ensuite, et successivement les notions élémentaires du système de notation en usage se révèlent aux yeux des enfants dans les morceaux qu'ils savent déjà ; ils reconnaissent et formulent les principes qu'ils pratiquent depuis trois ans avec plaisir.

Les règles naissent ainsi de l'expérience ; les élèves voient d'où elles viennent, à quoi elles servent, et, dans les morceaux nouveaux à étudier, la théorie ainsi apprise servira réellement à acquérir plus vite la pratique.

A côté de l'étude des morceaux nouveaux, nous faisons des exercices de solmisation et de vocalisation. Dès que les élèves ont une idée des intervalles, des gammes, nous faisons des exercices nombreux pour les leur graver dans l'oreille, afin que leur intelligence puisse les reconnaître et leur voix les redire sans peine. Ces exercices se font au tableau noir muni de portées en couleur rouge. Au lieu d'écrire au tableau ce qui doit être chanté, nous nous servons d'une note mobile fixée au bout d'une baguette, note que nous promenons à volonté sur la portée en répétant souvent les intervalles qui présentent quelque difficulté[1]. Cette note mobile, de valeur diverse, ronde, blanche, noire, croche, permet de combiner les exercices sur les différentes mesures avec ceux sur l'intonation. Au moyen de deux baguettes nous faisons des exercices rhythmiques variés à l'infini, selon les dispositions et les progrès des élèves. La note mobile a l'avantage de présenter la succession ascendante et descendante des sons, dans l'ordre où ils se trouvent naturellement dans la musique. Elle permet encore de chanter dans tous les tons et avec toutes les clefs, si l'on tient à faire cet exercice.

4° Nous donnons ordinairement les leçons de chant avec le secours du violon; cet instrument peut être suppléé par un harmonium qui, sous les doigts du maître, dictera souverainement la note à l'oreille de l'enfant, en l'accompagnant, au be-

[1] Nous tenons l'idée de ce procédé de M. Jeanmougin, sous-directeur de l'École professionnelle de Mulhouse (Haut-Rhin), auteur d'une petite grammaire musicale que nous recommandons aux maîtres comme guide pour la marche à suivre dans l'enseignement de la théorie. (Paris, chez Hachette; Mulhouse, chez Perrin; Strasbourg, chez Derivaux. Prix 1 fr. 25 c.)

soin, d'un accord. Ainsi, tout en ménageant sa poitrine et sa voix, le maître pourra diriger harmonieusement le chant. Cet instrument est d'un prix si modique, et son entretien si peu dispendieux, que nous recommandons vivement aux instituteurs d'en proposer l'acquisition aux communes comme un objet mobilier de l'école.

Tels sont les principes d'une méthode qui peut se résumer ainsi : Au début la *pratique* du chant, plus tard son interprétation raisonnée. Nous la recommandons aux maîtres avec l'assurance que nous ne leur indiquons point une fausse route, car elle a pour elle la consécration de l'expérience.

École normale de Strasbourg, le 20 juillet 1856.

**P. GROSS.**

STRASBOURG, IMPRIMERIE DE G. SILBERMANN.

# PRIÈRE DU MATIN.

*Imité de l'allemand par M. Delcasso.*

*Mouvement modéré.*  *Mélodie populaire allemande.*

L'om-bre s'en-fuit, le so-leil luit, tout se ra-nime à sa pré-sen-ce; et du Sei-gneur, par sa splen-deur il pro-clame au loin la puis-san-ce.

### 2.

Des monts, des bois,
J'entends les voix,
Et les oiseaux, sous la verdure
Au Créateur
Offrent en chœur
L'hymne d'amour de la nature.

### 3.

L'herbe des prés,
Les champs dorés
Disent sa bonté paternelle;
Mais, à ses yeux
Rien ne plait mieux
Que l'hommage d'un cœur fidèle.

### 4.

Dans le secret
D'un val discret,
Comme glisse une source pure.
Seigneur, ainsi,
Sous ta merci,
Puisse couler ma vie obscure!

## LE RÉVEIL DU LABOUREUR.

*Imité de l'allemand par M. Delcasso.*
*Mélodie populaire allemande.*

Mouvement vif.

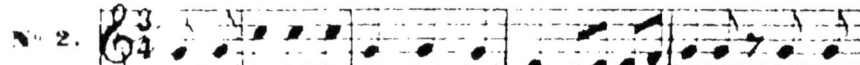

Hors du lit, il est temps, du coq la voix m'é-veille, le vent

du ma-tin souffle et l'oi-seau chante au bois. Vo-yez-vous le si-gnal de l'au-

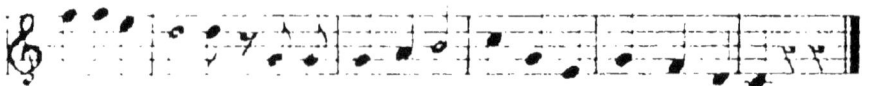

ro-re ver-meille? A l'ap-pel du tra-vail le-vez-vous, vil-la-geois.

2.

Compagnons, armez-vous et qu'on marche à l'ouvrage,
Le rateau sur l'épaule ou la bêche à la main.
A la vigne, aux jardins, aux champs, au pâturage!
L'heure sonne, en avant, et gaiment en chemin.

3.

Quand le grain répandu va germer près d'éclore,
Élevons tous au ciel nos chants et notre esprit.
C'est Dieu qui donne aux blés le soleil qui les dore,
Et le vent qui les berce et l'eau qui les nourrit.

4.

Tous les êtres en chœur travaillent avec joie,
Dans le vaste concert de la terre et des cieux.
Lorsqu'au bruit des chansons le travail se déploie,
La tâche va plus vite et l'ouvrage vaut mieux.

# CHANT DU SOIR.

3

*Imité de l'allemand par M. Delcasso.*

Mouvement un peu lent.        Melodie populaire allemande.

La nuit tom-be si-len-ci-eu-se, dou-ce-ment la brise a fré-

mi, et la lu-ne mys-té-ri-eu-se sur nous jette un re-gard a-mi.

## 2ᵉ Couplet.

Cet air si pur qui nous in-on-de porte le calme aux sens char-més;

Dor-mez, fol-les erreurs du mon-de, vains o-rag-es du cœur dor-mez.

## 3ᵉ Couplet

Des gran-deurs et de l'o-pu-lence, qu'un autre a-do-re les at-traits;

ma ri-chesse est mon in-no-cen-ce, ma gloire le bien que je fais.

## L'ANNONCE DU PRINTEMPS.

*Imité de l'allemand par M. Delcasso.*
*Mouvement vif.*   *Melodie populaire autrichienne.*

Cou-cou, cou-cou, dis-nous pour-quoi ta voix tou-chan-te sou-pire et chan-te, chan-te, chan-te, pleine d'é-moi.

2.

Coucou, coucou, nous dit j'attends,
D'un cri fidèle
J'attends, j'appelle
Au bois, au bois, joli printemps.

3.

Coucou, coucou, ce cri si doux
Donne au bocage
Charmant présage;
Vienne, vienne printemps chez nous!

4.

Coucou, coucou, l'hiver s'en va;
Gens du village,
Sous le feuillage,
Dansez, chantez, printemps est là.

## L'ENFANT ET LES FLEURS.

*Imité de l'allemand par M. Delcasso.*
*Mouvement un peu rapide.* *Mélodie populaire allemande.*

N.º 5.

*L'enfant.* Na-guère au jar-din co-quet, comme per-les é-

clo-ses, bril-laient li-las et mu-guet, pâ-que-ret-tes et ro-ses. Mais

en vain je cherche au-jour-d'hui mes gen-til-les fleu-ret-tes; où

donc si vite a-vez-vous fui, ro-ses et pâ-que-ret-tes?

### LES FLEURS.

#### 2.

Enfant, c'est notre destin,
  La main qui me fit belle,
M'envoie ici le matin,
  Et le soir me rappelle.
Heureuse encor, pour vous charmer,
  D'avoir dans ma corolle
Le parfum qui me fait aimer,
  Quand ma beauté s'envole.

#### 3.

Enfants qui nous ressemblez,
  Moisson vermeille et blonde,
Souvent les cieux étoilés
  Vous ravissent au monde;
Et, fleur vivante aux ailes d'or,
  Votre riante enfance
Exhale, en prenant son essor,
  Un parfum d'innocence.

# CHANT MATINAL DU GUERRIER.

*Imité de l'allemand par M. Delcasso.*

Viens, au-ro-re, belle au-ro-re, luire au bra-ve qui t'im-plo-re. Viens blanchir de tes purs ra-yons nos drapeaux que nous dé-ploy-ons. Viens au-ro-re, belle au-ro-re!

2.

Au courage,
Doux présage,
Le jour perce le nuage;
Déjà le clairon matinal
Du combat chante le signal,
Au courage,
Doux présage.

3.

Sans alarmes,
Vite aux armes,
Le péril même a ses charmes.
Au feu je marche sans effroi,
Car ma mère a prié pour moi :
Sans alarmes,
Vite aux armes.

4.

A la gloire,
A la gloire
Courons en chantant victoire.
La patrie à notre valeur
A confié son vieil honneur :
A nous gloire
Et victoire !

## AU SOLEIL COUCHANT.

*Imité de l'allemand par M. Delcasso.*
*Musique de Naegeli.*

Beau soleil, j'aime à voir ton dernier sourire,
Ton rayon du soir, si doux lorsqu'il expire.
De l'horizon d'azur où rougit ta flamme,
ton regard plus pur pénètre dans mon âme.

### 2.

Aux suprêmes splendeurs
  Dont le ciel se dore,
  Devant tes grandeurs
Je m'incline et j'adore.
Dieu tous deux nous vêtit,
  Toi, de sa lumière,
  Moi, pauvre petit,
De ce corps de poussière.

### 3.

Mais ton brillant flambeau
  Éclaire ou consume,
  Sans voir qu'il est beau,
Sans savoir qui l'allume.
Dans mon exil d'un jour,
  Moi je pense et prie,
  Ravi par l'amour
Vers le ciel ma patrie.

## LA CLOCHE DU MATIN.

*Imité de l'allemand par M. Delcasso.*

Din, din, din, din, c'est la clo-che du ma-tin,
qui sonne au re-tour du jour, bon-jour, bon-jour!

## LA CLOCHE DU SOIR.

*Imité de l'allemand par M. Delcasso.*

C'est la clo-che du saint ma-noir, du
saint ma-noir, an-non-çant le re-pos du soir, re-
pos du soir, bim, bum, bum, bim, bum, bim, bum.

## LE SAPIN.

*Imité de l'allemand par M. Delcasso.*

N° 10.

Mon beau sa-pin, roi des fo-rêts, que j'ai-me ta ver-du-re!

Quand par l'hi-ver bois et gué-rets sont dé-pouil-lés de leurs at-traits.

Mon beau sa-pin, roi des fo-rêts, tu gar-des ta pa-ru-re.

2.

Toi que Noël planta chez nous,
   Au saint anniversaire.
Joli sapin, comme ils sont doux
Et tes bonbons et tes joujoux,
Toi que Noël planta chez nous,
   Par les mains de ma mère.

3.

Mon beau sapin, tes verts sommets,
   Et leur fidèle ombrage,
De la foi qui ne ment jamais,
De la constance et de la paix,
Mon beau sapin, tes verts sommets,
   M'offrent la douce image.

En Allemagne et en Alsace, existe le vieil usage de planter dans chaque famille, au jour de Noël, un sapin surmonté d'un enfant Jésus, et portant à ses branches des bonbons et des étrennes destinés aux enfants.

## LA BREBIS.

Imité de l'allemand par M. Delcasso
Musique de Anschütz.

Sur l'her - be soy - eu - se - de ces verts ta - pis,

tu bon - dis joy - eu - se, pe - ti - te bre - bis.

2.

Lorsque mai vient rendre
Aux prés leurs couleurs,
Du trèfle plus tendre
Tu broutes les fleurs.

3.

Aux sources prochaines
Tu cours et tu bois,
Et sous les vieux chênes
Tu dors près du bois.

4.

Jouis, ma petite,
Du beau temps qui luit,
Car il passe vite
Et l'hiver le suit.

## ARIETTE.

Mouvement assez lent. Imité de l'allemand par M. Delcasso.

N° 12.

Pe-tit oi-seau ché-ri ré-pète au bois fleu-ri un chant si ten - dre, qu'é - pris de sa dou-ceur le pas-sant tout rê - veur reste à l'en - ten - dre, reste à l'en - ten - dre.

2.

Petites fleurs, aux prés,
Sèment leurs points dorés
  Sur la verdure,
Et des airs parfumés
Portent aux sens charmés
  L'haleine pure (*bis*).

3.

Petit ruisseau d'argent,
Dans son cours diligent,
  Au vallon coule,
Et bergers et troupeaux,
Pour boire dans ses eaux,
  Viennent en foule (*bis*).

# LA PATRIE.
## (Dialogue.)
### Le pâtre de la vallée et le chèvrier de la montagne.

*Imité de l'allemand par M. Delcasso.*
*Musique de Zœllner.*

Le pâtre. Au pa-ys comme il fait beau, lors-que

du ma-tin nou veau le ra-yon blan-chit la plai-ne, Et qu'aux

bords de la fon-tai-ne s'en va pais-sant mon trou-peau, Au pays comme il fait beau'au pays comme il fait beau!

2.

Le chevrier. Au pays comme il fait beau!
Quand du ciel le clair flambeau
Des monts vient dorer les cimes,
Quand le jour sur les abîmes
Étend son brillant réseau,
Au pays comme il fait beau (bis)!

3.

Le pâtre. Ah! que mon pays est beau,
Lorsqu'au bois chante l'oiseau,
Quand fleurit la marguerite,
Et qu'un doux gazon m'invite
A m'endormir sous l'ormeau,
Ah! que mon pays est beau (bis)!

#### 4.

*Le chevrier.* Ah! que mon pays est beau!
Aux ravins de ce coteau,
La cascade tombe et gronde;
Et des rocs blanchis par l'onde,
Je vois pendre mon chevreau:
Ah! que mon pays est beau (*bis*)!

#### 5.

*Le pâtre.* Au pays comme il fait beau!
Sous les feuilles du rameau,
Doucement l'air y frissonne,
Doucement aux prés rayonne
Le cristal de mon ruisseau:
Au pays comme il fait beau (*bis*)!

#### 6.

*Le chevrier.* Au pays comme il fait beau,
Quand l'hiver d'un blanc manteau
Vient couvrir les roches nues,
Les pics, les forêts chenues,
Et les chalets du hameau;
Au pays comme il fait beau (*bis*)!

#### 7.

*Le pâtre.* Au pays que tout est beau,
La chaumière et le château,
La chapelle où le cœur prie,
Et le lac dans la prairie
Déployant sa nappe d'eau:
Au pays que tout est beau (*bis*)!

#### 8.

*Le chevrier.* Au pays que tout est beau,
Des hauteurs du grand plateau!
L'aigle y plane sur ma tête
Et sous mes pieds la tempête
Roule son mouvant tableau.
Au pays que tout est beau (*bis*)!

#### 9.

*Ensemble.* Au pays comme il fait beau!
C'est là que fut mon berceau;
Là, l'exemple de mon père,
Là, le souris de ma mère
Là, doit être mon tombeau:
Au pays comme il fait beau (*bis*)!

## L'ENFANT LABORIEUX.

*Imité de l'allemand par M. Delcasso.*

Je suis faible et pe-tit sans doute, mais je dois grandir chaque

jour; j'é-tu-die, observe, é-cou-te, pour de-ve-nir homme à mon tour.

2.

A l'école, aux champs, au village,
Exerçant ma jeune vigueur;
  Je saurai rompre à l'ouvrage
Mes bras, mon esprit et mon cœur.

3.

Retournons le fer sur l'enclume,
Sous la meule écrasons le blé;
  Que le miel coule et parfume,
Et que le raisin soit foulé.

4.

Exploitons la vapeur pressée
Dans les flancs d'un char radieux,
  Et ces fils où la pensée
Suit la foudre à travers les cieux.

5.

Si la terre au travail docile,
Fait germer les fruits et les fleurs,
  Du savoir la main fertile,
Sème les vertus et les mœurs.

6.

Travaillons, le devoir l'ordonne,
C'est un fonds qui ne manque pas;
  Le ciel garde sa couronne
A qui fait sa tâche ici-bas!

## LE CHANT.

*Imité de l'allemand par M. Delcasso.*
Mélodie populaire allemande.

Dans les val-lons, sur les hau-teurs, que la na- ture est bel-le!

Au sein de ses vi- ves splen-deurs, c'est Dieu qui se ré - vè - le

2.

Les bois par l'hiver dépouillés
Reprennent leurs ombrages,
Les champs leurs tapis émaillés,
Les oiseaux leurs ramages.

3.

Mêlons nos accords les plus beaux
A leur hymne touchante :
Dieu qui fait chanter les oiseaux,
Veut que l'homme aussi chante.

4.

Chantons avec les bois mouvants,
Avec l'écho des plaines,
Avec le murmure des vents,
Et le bruit des fontaines.

5.

Malheur à qui n'entend parfois
Ces pures symphonies !
Pour lui le jour n'a point de voix,
La nuit point d'harmonies.

6.

Le chant, souffle mélodieux,
Est une âme exilée,
Qui, pour remonter dans les cieux
Prend gaiment sa volée.

# L'ABEILLE.

*Imité de l'allemand par M. Delrasso.*
*Mélodie populaire allemande.*

Bour, bour, bour, bour–donne à l'en-tour, sur la ro-se et la jonquille, petite abeille gentille, bour, bour, bour, bourdonne alentour.

2.

Bour, bour, etc.
Butine au sein des fleurettes
Ton nectar en gouttelettes;
Bou, bour, etc.

3.

Bour, bour, etc.
C'est pour nous que tu recueilles
La douce manne des feuilles;
Bour, bour, etc.

4.

Bour, bour, etc.
C'est pour nous que tu façonnes
Tes cellules hexagones;
Bour, bour, etc.

5.

Bour, bour, etc.
Dans la cité que j'admire
Pétris ton miel et ta cire;
Bour, bour, etc.

6.

Bour, bour, etc.
Pour que ton miel s'épaississe
En nonnette, en pain d'épice;
Bour, bour, etc.

7.

Bour, bour, etc.
Pour que de ta cire vierge
J'offre à mon bon ange un cierge;
Bour, bour, etc.

# LA FORÊT.

*Imité de l'allemand par M. Delcasso*

Musique de Anton André

Le front or - né de ver-doy-ants feuil-la - ges, en-trons dans la fo - rêt, en-trons dans la fo - rêt! Sous l'é - pais - seur de ses sa - crés om - bra - ges, Dieu me par - le en se - cret, Dieu me parle en se - cret.

2. C'est lui qui donne aux antres solitaires
   Leur sainte majesté *bis*.
   Aux bois profonds leurs augustes mystères
   Et leur sombre beauté *bis*.

3. Là, sous l'abri des chênes prophétiques,
   Levant au ciel les mains *bis*,
   Nos bons aïeux adressaient leurs cantiques
   Au père des humains *bis*.

4. Les fleurs mêlent à ces fêtes bénies
   Leur plus suave encens *bis*,
   Le vent du soir ses molles harmonies
   Et l'oiseau ses accents *bis*.

5. Le front orné de verdoyants feuillages,
   Entrons dans la forêt *bis*!
   Sous l'épaisseur de ses sacrés ombrages,
   Dieu nous parle en secret *bis*.

## SOMMEIL DES FLEURS.

*Imité de l'allemand par M. Delcasso.*

Mouvement modéré.　　　　　　　　　Musique de Selmar Muller.

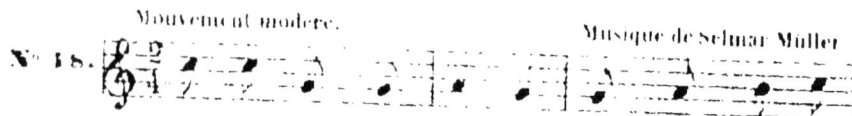

Du soir douce ha-lei-ne, viens souf-fler le

frais aux fleurs de la plai-ne, le frais et la paix.

### 2.

Viens, ô lune blanche,
Luire sur les flots;
A la fleur qui penche
Verse le repos.

### 3.

Rossignols, fauvettes,
Le ciel se fait noir;
Aux jeunes fleurettes
Chantez le bonsoir.

## CANON.

A 3 voix.

Mouvement modéré.

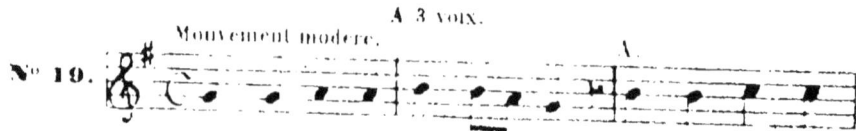

Sa-lut à l'hô-te con-nu! qu'il soit chez nous

bien ve-nu! Qu'il soit sur tout bien re-çu!

## LE MATIN.

*Imité de l'allemand par M. Delcasso.*

Les cieux rayonnent de mille feux,

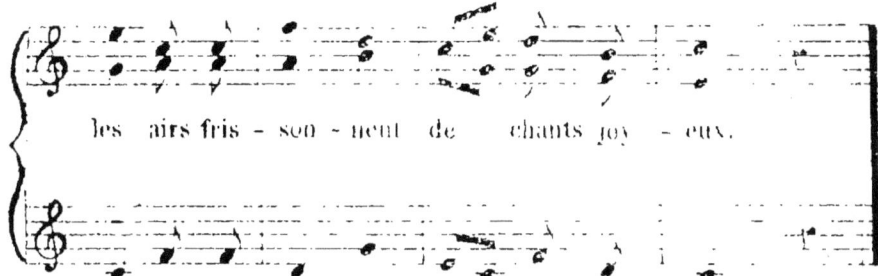

les airs frissonnent de chants joyeux.

2.
Sur l'herbe humide,
Au jour levant,
Perle liquide
Tremblotte au vent.

3.
Les prés étalent
Leurs doux présents,
Les fleurs exhalent
Leur pur encens.

4.
Sur le rivage,
En bourdonnant
L'abeille sage,
Va butinant.

5.
Sous la charmille
Tout chante et rit,
Aux champs tout brille
Et tout fleurit.

# CHANT DES OISELETS.

*Imité de l'allemand par M. Delcasso*

Musique de A. Mennesse.

A son réveil gazouil-ler, sur les bran-ches sau-til-ler, dans l'her-be mol-le fré-til-ler, c'est notre vi-e, pe-tits chan-teurs lé-gers, c'est la vi-e ché-ri-e des chan-teurs bo-ca-gers.

2

Tièdes zéphirs, soupirez,
Parfums des champs et des prés,
Embaumez les airs épurés ;
Moucheron, vole,
Viens, papillon coquet,
Troupe folle,
Viens, vole
Avec nous au bosquet !

3

Aux branches des arbrisseaux
Se balancent nos berceaux
Sur les bords des riants ruisseaux ;
L'eau murmurante
Dans son cours incertain,
Fuit  serpente
Et chante
Avec nous le matin.

4.

Puis, quand sur nos bois le soir
Étend son grand voile noir,
Chacun rentre en son vert manoir ;
Mère chérie
Recueille ses petits ;
C'est la vie
Jolie
Des oiselets gentils.

## CANON.
### À 4 voix.

Un peu lentement.

Trop grat - ter nuit, trop par - ler nuit ce

que tu tiens gar - de le bien, et crois - moi, oui, tais-toi.

## LES GRACES.

### PRIÈRE APRÈS LE REPAS.

*Imité de l'allemand par M. Delcasso.*

N° 23.

Mouvement un peu lent. — Mélodie populaire allemande.

Le-vous-nous, jeu-nes con-vi-ves, le re-pas est ter-mi-

né; et ren-dons grâ-ces na-ï-ves, à Dieu qui nous l'a don-né

2.

Celui dont la main féconde
Verse le lait et le miel,
Donne au corps le pain du monde,
A l'esprit le pain du ciel.

3.

Travaillons tous sans relâche,
De Dieu nous serons chéris ;
Chaque jour aura sa tâche,
Chaque tâche aura son prix.

4.

Et le père qui nous aime,
Pour loyer de nos vertus,
Nous appellera lui-même
Au banquet de ses élus.

### CANON.

Mouvement modéré.  A 4 voix.

N° 24.

Bé - nis, Sei - gneur, la voix, le cœur du chan-teur !

## UNE MATINÉE DE PRINTEMPS.

*Imité de l'allemand par M. Delcasso*

N° 25.

Le ciel se co-lo-re d'un rou-ge ver-meil, la plai-ne se

do-re des feux du so-leil; la sè-ve fé-con-de ser-pen-te en tout

lieu, et pré-pa-re au mon-de le pain du bon Dieu.

#### 2.

La rose boutonne
Aux bords du chemin;
L'abeille bourdonne
Autour du jasmin;
Les mûres noircissent
Le long des buissons;
Les fraises rougissent
Sur les verts gazons.

#### 3.

Sous l'ombre qui tremble,
Les chantres ailés
Redisent ensemble
Leurs airs modulés;
Leurs folles peuplades
Vont, d'un vol léger,
Aux blanches cascades
Gaiment voltiger.

#### 4.

L'agile hirondelle
Suivant les ruisseaux,
Du bout de son aile
Effleure les eaux.
Le saule murmure
Auprès du canal,
Mirant sa verdure
Dans le bleu cristal.

# L'AGNELET.

### APOLOGUE.

*Imité de l'allemand par M. Delcasso.*

N° 26. Mouvement modéré.     Musique de GUILLAUME ERB.

A-gne-let, à blan-che toi-son, al-lait en pro-me-

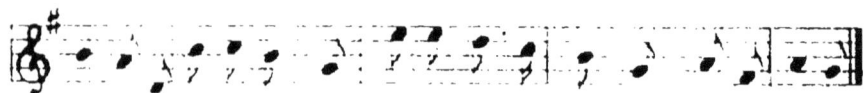

na-de et, fo-lâ-trant sur le ga-zon, fai-sait main-te gam-ba-de.

2.

Et puis, plus hardi dans ses bonds,
   Loin des routes battues,
Il courait par vaux et par monts
   Aux terres inconnues.

3.

Sa mère, en vain, pleine d'émoi
   Lui disait : « Téméraire,
Arrête ! on est bien mieux chez soi,
   Bien mieux près de sa mère. »

4.

L'enfant, sans se laisser toucher
   Par ce cri de tendresse,
Court sur la pente d'un rocher,
   Glisse, tombe et se blesse.

5.

Au bercail il revient boiteux,
   Instruit par sa misère
Qu'un enfant doit, pour être heureux,
   Obéir à sa mère.

## LA PRIÈRE DES FLEURS.

*Imité de l'allemand par M. Delcasso.*

Sous la ro-sée, en un jar-din, un beau ma-tin,

je ve-nais a-vec mes sœurs je ve- nais cher-cher des fleurs.

2.

Nous voulions cueillir un bouquet
Frais et coquet,
Puis, le front de fleurs paré,
Chanter et danser au pré.

3.

Lors il me sembla que les fleurs,
Versant des pleurs,
Priaient et disaient tout bas :
« Enfants, ne nous touchez pas! »

4.

« Ce vain éclat qui vous séduit,
« Bientôt s'enfuit :
« Vous verrez, avant le soir,
« Nos beautés pâlir et choir. »

5.

Et déjà leurs fronts languissaient
Et s'affaissaient,
Vaincus du dernier sommeil
Où l'on s'endort sans réveil.

## LA VIEILLE CHANSONNETTE.

*Imité de l'allemand par M. Delcasso.*

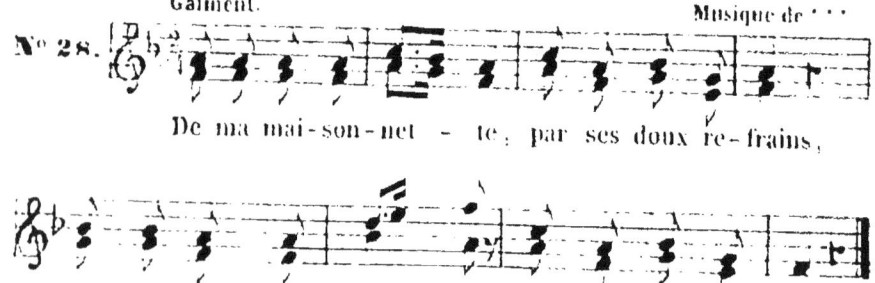

De ma mai-son-net - te, par ses doux re-frains, vieil - le chan - son - net - te ban - nit les cha - grins.

2.
Quand sa ritournelle
Vient nous égayer,
L'espoir avec elle
S'asseoit au foyer.

3.
Au jour qui se lève
Exempt de souci,
Au jour qui s'achève
Je chante : merci !

4.
Bonheur me visite,
Je chante : bon jour !
L'inconstant me quitte,
Je chante : au retour !

5.
Zéphir me caresse,
Je dis : c'est fort bien !
L'aquilon me blesse,
Je dis : ce n'est rien.

6.
De ma maisonnette,
Par tes gais refrains,
Viens, ma chansonnette,
Bannir les chagrins.

## L'ENFANT A CHEVAL SUR UN BATON.

*Imité de l'allemand par M. Delcasso.*

N° 29.

Da, da, da, au pas, mon da-da! Ne va pas, cour-

sier su-per-be, d'un bond me coucher sur l'her-be,

da, da, da, da, da, au pas, mon da-da!

2.

Tro, tro, tro,
Camarade, au trot!
Que ton audace intrépide
Cède à la main qui te guide;
Tro, tro, tro, tro, tro,
Camarade, au trot!

3.

Hop, hop, hop,
Va, vole au galop!
Par les rocs et les broussailles,
Courons ensemble aux batailles;
Hop, hop, hop, hop, hop,
Va, vole au galop!

4.

Doux, doux, doux,
Revenons chez nous!
C'est assez, tu peux m'en croire,
Et de périls et de gloire;
Doux, doux, doux, doux, doux,
Revenons chez nous!

## LE VRAI BONHEUR.

*Imité de l'allemand par H. Delcasso.*

N° 30.

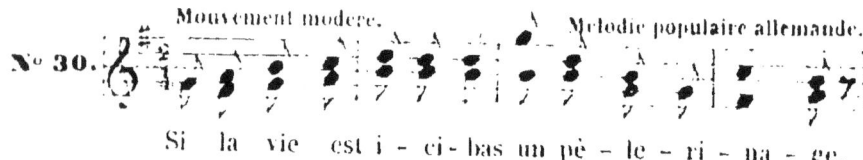

Si la vie est i-ci-bas un pè-le-ri-na-ge,

mar-chons en-semble au pas, au but du vo-ya-ge. L'a

main dans la main, avan-çons, en vrais amis, en bons gar-çons, é

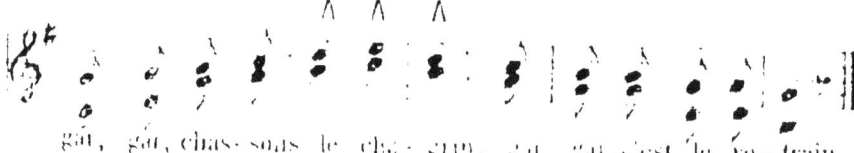

gai, gai, chas-sons le cha-grin, gai gai, c'est le re-frain.

### 2.

Vivons le cœur humble et doux,
L'âme noble et pure,
Et laissons après nous
Quelque bien qui dure!
La main dans la main, avançons, etc.

### 3.

Aux bons parents dont l'amour
Soutient ta faiblesse,
Rends par un juste retour,
Tribut de tendresse!
La main dans la main, avançons, etc.

**4.**

Au maître qui de vertu
Nourrit ton enfance,
Rends un culte assidu
De reconnaissance !
La main dans la main, avançons, etc.

**5.**

Vivons simples et contents,
Et que Dieu nous donne
Belles fleurs au printemps,
Beaux fruits à l'automne !
La main dans la main, avançons, etc.

## NOTRE PÈRE.

*Imité de l'allemand par M. Delcasso.*

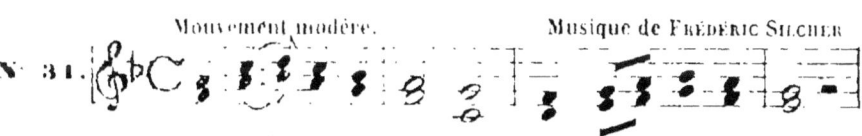

Du ciel où les an - ges, cour - bés de - vant toi,

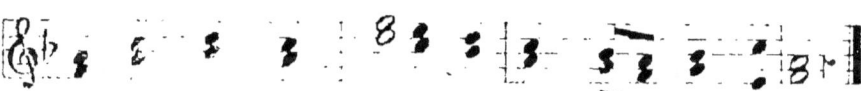

of - frent leurs lou - an - ges, père, é - cou - te moi !

**2.**
C'est toi qui protèges
Les petits enfants,
Du mal et des pièges
Toi qui les défends.

**3.**
C'est toi qui nous donnes
Le pain, chaque jour,
Et nous environnes
De soins et d'amour.

**4.**
Ta loi se révèle
En un mot bien doux
*Aimez*, nous dit-elle
Le ciel est à vous.

## LE POTIER.

*Imité de l'allemand par M. Delcasso.*

Musique de L. Bordèse.

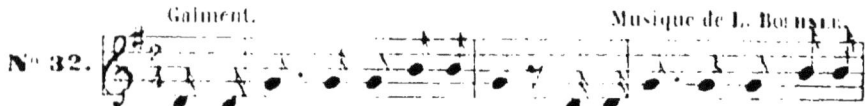

Pour for-mer des va-ses de prix, je pé-tris l'ar-gi-le et pé-

tris, va, ma roue, et tourne et re - tour - ne,que je fa-çonne et que j'en-

tour - ne mes pots au bril-lant é-mail,ah! oui-dà,vi-ve mon tra-vail.

#### 2.

Nous cuisons des cruches de grès
Pour garder votre bière au frais;
Nous faisons pour vos cuisinières,
Des poêlons, des plats, des tourtières,
  Le tout reluisant d'émail:
Oui, ma foi, vive mon travail!

#### 3.

Nous couvrons de vives couleurs
Les cannettes, les pots à fleurs;
Nous avons des formes plus riches
Pour les tasses et les potiches,
  Dont j'aime à polir l'émail.
Vive, vive mon doux travail!

#### 4.

Et pourtant l'acheteur prudent
Qui calcule et va marchandant,
Dit que ma vaisselle d'argile
Est d'un éclat par trop fragile,
  Et qu'un rien détruit l'émail
Dont reluit, reluit mon travail.

#### 5.

Mais, dis-moi, mon cher, ici-bas
Est-il rien qui ne change pas?
Et toi-même formé d'argile,
N'es-tu pas friable et fragile,
  Moins durable que l'émail
De mon joli, joli travail?

## LE PATRE MATINAL.

*Imité de l'allemand par M. Delcasso.*

Au point du jour je mè-ne, la, la, la, la, la, la, la, la, la, la, mes va-ches dans la plai-ne, la, la, la, la, la, la, la, la, la, la, tan-dis qu'au loin l'a-beil-le vole aux fleurs du buis-son et que l'au - bevermeil-le sou rit à la mois-son. La, la, la, la, la la la la, la la, la, la, la, la, la, la.

### 2.

Au point du jour je chante,
La, la, la, la, la, la, la, la, la, la,
Ma romance touchante,
La, la, la, la, la, la, la, la, la, la.
La génisse superbe,
Errante dans les champs,
S'arrête et laisse l'herbe
Pour écouter mes chants.
La, la, la, la, la, la, la, la, la, etc.

### 3.

Au point du jour j'écoute
La, la, la, la, la, la, la, la, la, la,
Les tilleuls de la route,
La, la, la, la, la, la, la, la, la, la;
J'entends l'eau qui bouillonne
En tombant du rocher,
Et l'airain qui résonne
Au sommet du clocher.
La, la, la, la, la, la, la, la, la, la, etc.

### 4.

Au point du jour, je rêve,
La, la, la, la, la, la, la, la, la, la.
Quand la brise se lève,
La, la, la, la, la, la, la, la, la, la.
Quand les oiseaux gazouillent
Sous l'ombrage incertain,
Et que les fleurs se mouillent
Des brouillards du matin.
La, la, la, la, la, la, la, la, la, la, etc.

# LES JEUX DE L'ENFANCE.

*Imité de l'allemand par M. Delcasso.*

Gaîment.  Mélodie populaire allemande.

N° 31.
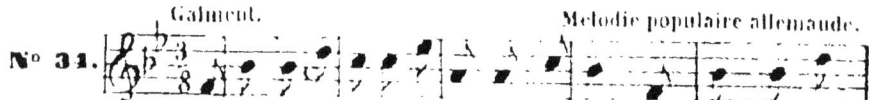

C'est fête à l'é-co-le, al-lons, mes a-mis, qu'on coure et qu'on

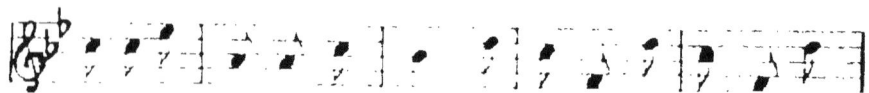

vole aux plai-sirs per- mis ! Que cha-cun s'en don-ne dans

ce jour char- mant, et qu'on tour-bil-lon-ne en dan-sant gaî ment.

2.

Aux flancs des montagnes
Égarons nos pas ;
Au creux des campagnes
Prenons nos ébats.
Qu'on jette ou qu'on roule,
En des jeux rivaux,
Ballon, paume ou boule,
Palets ou cerceaux.

3.

Aux tours de la corde
Plus ou moins pressés
Le sauteur accorde
Ses pas cadencés ;
Aux coups, à la tape,
A colin-maillard,
Heureux qui s'échappe
Ou touche avec art.

4.

Lançons dans l'espace
Le grand cerf-volant,
Ou donnons la chasse
Au sabot roulant.
Au bruit des fanfares,
Signal de combats,
Conduisons aux barres
Nos vaillants soldats

5.

On court, on s'enlace,
On fuit, on se rend.
Si l'un perd sa place,
Un autre la prend.
Ces jeux sont l'image
Des biens et des maux,
Et l'apprentissage
Des futurs travaux.

# LE CHASSEUR.

*Imité de l'allemand par M. Delcasso*

Vivement — Mélodie populaire allemande

N° 35.

Le jour nais-sant de ses ra-yons co-lo-re la mon-ta-gne, du

cor j'en-tends au loin les sons; chas-seurs, vi-te en cam-pa-gne! Aux

bois blan-chis par les fri-mas, aux champs cou-verts de gla-ce, mon

chien flaire et con-duit mes pas; chas-seurs, sui-vons sa tra-ce.

2.

Marchons, l'oreille et l'œil au guet,
  Cherchons la piste ensemble.
Le cerf est là, dans la forêt,
  Sous le taillis qui tremble;
En frémissant, dans son fourré
  Le sanglier s'abrite;
Le lièvre surpris et serré
  Frissonne dans son gîte.

3.

Ma balle atteindra le brocard
  Fuyant sous les feuillages,
Et la sarcelle et le canard,
  Au sein des marécages.
A moi les cailles, les perdreaux,
  Les terriers, les garennes!
A moi les airs, à moi les eaux;
  Et les monts et les plaines!

## LE P'TIT CAPORAL.

Paroles de M. Delcasso. — Air: *Partant pour la Syrie*, de la reine Hortense.

C'é- tait un ca- pi- tai- ne ar- dent, pâ- le et rê- veur, qu'on fit, aux bords de Sei- ne, con- sul, puis em- pe- reur: mais le sol- dat d'Ar- co- le, pour lui plus li- bé- ral, du hé- ros, son i- do- le, fit un p'tit ca- po- ral, du hé- ros, son i- do- le, fit

un p'tit ca - - po - ral?

### 2.

Il revêtit lui-même
Le manteau semé d'or,
Et mit le diadème
Sur son front jeune encor.
Mais le peuple, à sa guise,
Le trouvait bien plus beau
Sous sa capote grise
Et son petit chapeau. } *bis.*

### 3.

Trahi par la victoire
Et tombé sans appui,
Les flatteurs de sa gloire
S'éloignaient tous de lui.
Mais l'exil, sous le chaume
Lui fit des partisans,
Et garda son royaume
Au cœur des paysans. } *bis.*

### 4.

En nos jours de souffrance,
Nous cherchions un bras fort,
Qui pût rendre à la France
Le grand empereur mort
Enfin, du peuple avide
Le ciel comblant le vœu,
Au trône laissé vide
Fit asseoir son neveu. } *bis.*

# LE P'TIT CAPORAL.

Paroles de M. Delcasso. — Air : *Partant pour la Syrie*, de la reine Hortense

N° 37.
Déposé pour trois voix égales.

C'était un ca-pi-tai-ne ardent, pâle et rê-veur qu'on fit, aux bords de Sei-ne, con-sul, puis em-pe-reur; mais le sol-dat d'Ar-co-le, pour lui plus li-bé-ral, du hé-ros, son i-

## CANON.
### à 2 parties.

## NAPOLÉON.

Paroles de M. Delcasso. — Air : *God save the Queen*.

N° 39.
Disposé pour deux voix.

Il est un nom bien beau, qu'on ré - pète au ha-meau,

comme au châ.- teau. Les arts et le ca - non, l'his - toire et

la chan - son di - sent à l'u - nis - son: Na - po - lé - on !

2.

La gloire, pas à pas,
Suivit dans les combats
  Ses fiers soldats;
Et tout le peuple en chœur,
Epris de sa grandeur,
Fit du jeune vainqueur
  Son empereur.

3.

Puis vinrent des revers,
L'exil, et, sur les mers,
  Des maux amers !
Et ce cruel destin,
Sur un rocher lointain,
D'un éclat tout divin
  Couvrit sa fin.

4.

De ce jour, les Français,
Vénérant ses hauts faits
  Et ses bienfaits,
Lèvent, dans le malheur,
Leurs regards et leur cœur
Vers l'astre protecteur
  De l'empereur.

# NAPOLÉON.

Paroles de M. Delcasso. — Air: *God save the Queen.*

# MARCHE.

*Imité de l'allemand par M. Delcasso.*

Musique de A. Brand

Au bruit du tam-bour et du chant, on s'a-nime en mar-

chant, ra-ta-plan; si le chemin est dé-plai-sant on l'a-brége en fai-

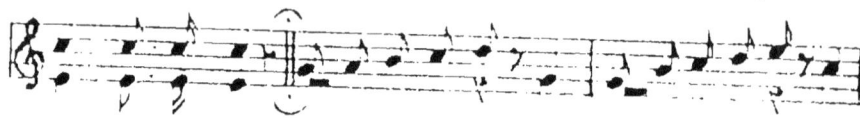

sant ra - ta - plan ra ta ta ta plan plan ra ta ta ta plan plan

plan plan plan ra ta ta plan plan plan plan plan. Le

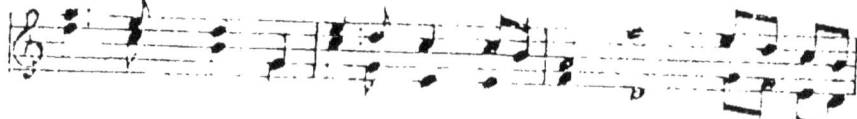

tam - bour - ma - jor fière - ment or - don - ne un rou - le-

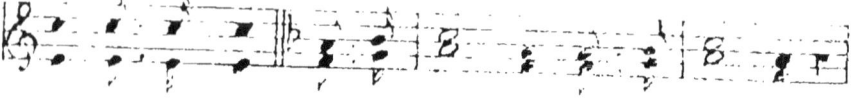

ment ra ta - plan, ra - ta - plan, plan, ra - ta - plan, plan;

mar - chons au pas gai - ment ra - ta - plan, plan, ra - ta-

plan, plan; un deux, un deux, plan, ra - ta - plan.

### 2.

A droite, à gauche, alignement,
   Vite au commandement,
      Rataplan !
Le colonel, flamberge au vent,
   Vient et crie : en avant !
      Rataplan.
Et du pied gauche, au même instant,
   On part, tambour battant
      Rataplan !
   Marquons le pas gaiment
      Rataplan.
Un deux, un deux, plan, rataplan.

### 3.

Sous les drapeaux du régiment,
   Le service est charmant
      Rataplan !
Tout bon troupier au maniment
   S'exerce joliment
      Rataplan !
Et si l'on est intelligent,
   On deviendra sergent
      Rataplan !
   Pressons le pas gaiment
      Rataplan !
Un deux, un deux, plan, rataplan.

### 4.

Mais, un beau jour, rompant les rangs,
   Les soldats vétérans
      Rataplan !
Reviendront travailler au champ,
   En bêchant et fauchant.
      Rataplan ;
Et raconter à leurs enfants
   Leurs exploits triomphants
      Rataplan !
   Serrons le pas gaiment
      Rataplan !
-Un deux, un deux, plan, rataplan.

# MARCHE.

*Imité de l'allemand par M. Delcasso.*

Musique de A. BRANDT.

N° 42
à trois voix

Au bruit du tam-bour et du chant, on s'a-nime en mar-chant, ra-ta-plan. Si le che-min est dé-plai-sant, on l'a-brége en fai-sant ra-ta-plan. Ra-ta ta ta plan, plan, ra-ta ta ta plan plan, plan, plan, plan, ra-ta ta

# L'ANGE DE PAIX.

*Imité de l'allemand par M. Delcasso.*

Mélodie populaire allemande.

Le bon Dieu fit descendre un ange parmi nous : sa voix est pure et tendre, son regard calme et doux. Versant avec mystère les célestes bienfaits, aux enfants de la terre il apporte la paix ; aux enfants de la terre il apporte la paix.

2.

Il permet à notre âme
Les innocents plaisirs ;
Il entretient la flamme
Des vertueux désirs,
Console en sa détresse
L'honnête homme abattu,
Et rend à la faiblesse
La force et la vertu.

3.

Quand l'affreuse vengeance
Souffle son noir poison,
Il prêche l'indulgence,
L'amour et le pardon.
Il efface l'injure
Dans le cœur ennobli,
Et met sur la blessure
Le baume de l'oubli.

4.

Il soutient sur le gouffre
Le vaisseau suspendu ;
Au matelot qui souffre
Il ouvre un port connu.
Si ta vie est amère,
Il y verse du miel ;
Si ton cœur désespère,
Il te montre le ciel.

# AU REVOIR.

*Imité de l'allemand par M. Delcasso.*

F. MENDELSSOHN.

Du Sei-gneur c'est la loi su-prême, il faut dire à tous ceux qu'on aime un long adieu, un long a-dieu; et ce-pendant pour l'âme ten-dre, hé-las! qu'il est cru-el d'en-tendre un long a-dieu, un long a-dieu, bien long a-dieu! Mais cet a-dieu qui nous af-flige, ouvre

# HONNEUR ET BONHEUR.

*Imité de l'allemand par M. Delcasso.*
*Musique de Rink.*

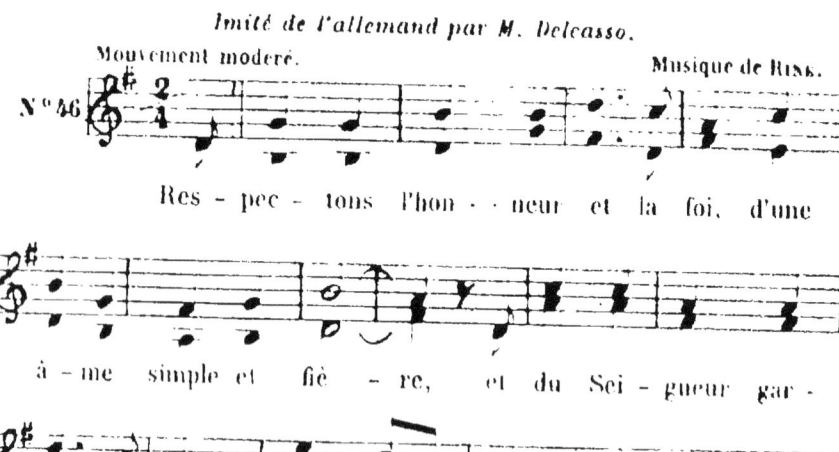

Res - pec - tons l'hon - neur et la foi, d'une à - me simple et fiè - re, et du Sei - gneur gar - dons la loi jus - qu'à l'heu - re der - niè - re.

### 2.
A qui met son espoir en Dieu
Le travail est facile,
Le soc nourricier pèse peu
Et la terre est docile.

### 3.
Content d'un morceau de pain noir
Et d'un verre d'eau fraîche,
Il mettra la main au sarcloir
Et le pied sur la bêche.

### 4.
Bien à plaindre sont les méchants
Dans leur inquiétude !
Ils goûtent peu la paix des champs
Et de la solitude.

### 5.
Tout occupés de noirs complots
Jusqu'au bord de la tombe,
Ils tressaillent au bruit des flots,
A la feuille qui tombe.

### 6.
Mais celui qui sème le bien
Le long de la journée,
Recueille, laboureur chrétien,
La moisson de l'année.

### 7.
Il vit, de respects entouré,
Et quand son heure sonne,
L'amour du village éploré
Lui tresse une couronne.

## LE BONSOIR.

PRIÈRE.

*Imité de l'allemand par M. Delcasso.*

Mouvement modéré.        Musique de Schulz.

N.º 47.

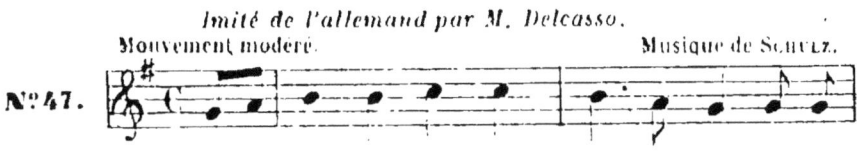

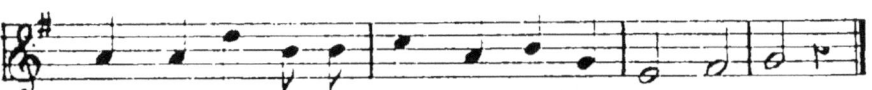

Don- ne à tes en- fants, ten- dre pè- re, a- près le tra- vail le som- meil; que ta main fer- me leur pau- piè- re et leur pré- pare un doux ré- veil.

2.

C'est ta bonté qui nous prodigue
Les vrais biens qui ne trompent pas,
Le repos après la fatigue
Et la paix après les combats.

3.

Qu'ainsi des rêves d'innocence,
La nuit, glissent devant nos yeux,
Et que l'amour et l'espérance
Nous donnent l'avant-goût des cieux!

## CANON A 2 PARTIES.

N.º 48.

En ce bas lieu puis- que la vie est bon- ne, ren- dons grâces à Dieu des jours que sa main nous don- ne.

# LA PETITE ÉGLISE.

*Imité de l'allemand par M. Delcasso.*

AUGUSTE HARDER.

N.º 49.

### 2.

Que j'aime, sous l'ombrage vert,
    Sa nef coquette et blanche,
Quand la foule, au grand porche ouvert
    Se presse le dimanche!
Heureux pasteur, heureux troupeau!
Non, il n'est rien, rien d'aussi beau.

### 3.

Sous ses arceaux religieux,
    Que la prière est sainte!
De quel charme mystérieux
    Dieu remplit son enceinte,
Quand nous chantons Pâques nouveau!
Non, il n'est rien, rien d'aussi beau.

### 4.

Entrons, le temple est éclairé
    Pour le saint sacrifice;
Devant l'autel frais et paré,
    Le prêtre dit l'office.
Chantons en chœur: *Voici l'Agneau!*
Non, il n'est rien, rien d'aussi beau.

## CANON A 4 PARTIES.

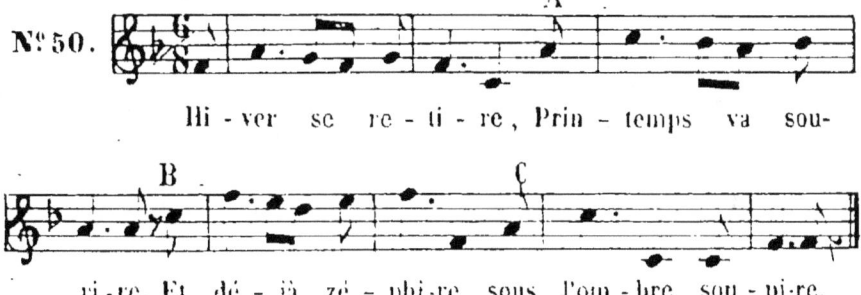

N.° 50.

Hi-ver se re-ti-re, Prin-temps va sou-ri-re, Et dé-jà zé-phi-re sous l'om-bre sou-pi-re.

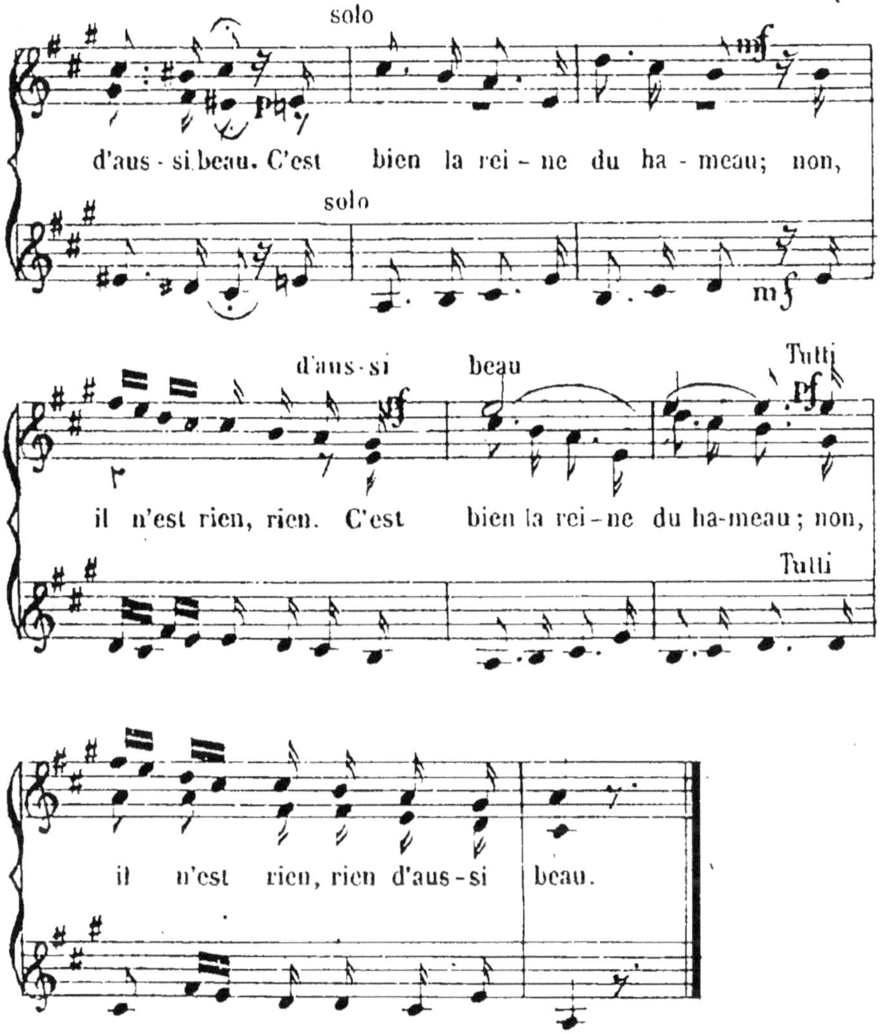
solo
mf
d'aus - si beau. C'est bien la rei - ne du ha - meau; non,
solo
mf
d'aus-si beau
Tutti
il n'est rien, rien. C'est bien la rei-ne du ha-meau; non,
Tutti
il n'est rien, rien d'aus-si beau.

## CANON A 2 PARTIES.

Nº 52.

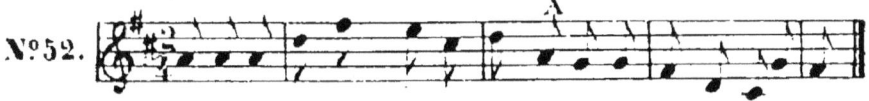

A
Au milieu des chants je me plais; le méchant ne chante jamais.

# DIEU SAIT TOUT.

*Imité de l'allemand par M. Delcasso.*

2.

La gent qui dans les eaux frétille
En folâtrant,
Le flot qui dort, la fleur qui brille,
Il les comprend.

3.

Que le vent se taise ou soupire,
Il l'entendra ;
Que l'ombre vienne ou se retire,
Il le saura.

4.

Il sait l'espoir qui vient d'éclore
En sa primeur,
Et le désir qui dort encore
Au fond du cœur.

# LE MOULIN A BLÉ.

*Imité de l'allemand par M. Delcasso.*

Mouvement modéré.  Musique de Anschütz.

N° 54.

Le tor-rent bouil-lon-ne, le ca-nal est plein, tin,

tin; l'eau que Dieu nous don-ne re-vient au mou-lin, tin,

tin; le bau-det do-ci-le m'ap-por-te son sac, et

la roue a-gi-le va faisant tic tac tic tac tac tic tac tac tic tac.

### 2.

Dès qu'à mon usine
L'on jette le grain,
   Tin, tin,
La vive turbine
Se remet en train,
   Tin, tin;
Le blé du village
Se verse à plein sac,
Et tout l'engrenage
Va faisant tic tac,
Tic tac tac, tic tac tac, tic tac.

### 3.

Pour que chacun vive
Et cuise son pain,
   Tin, tin,
Que la meule active
Ecrase le grain,
   Tin, tin;
Et que la farine,
Au bruit du tic tac,
Coule blanche et fine,
Coule dans son sac :
Tic tac tac, tic tac tac, tic tac.

## BÉNÉDICITÉ.

PRIÈRE AVANT LE REPAS.

*Imité de l'allemand par M. Delcasso.*

Musique de A. F. Schulz.

N° 55.

En-fants, Dieu qui vous ai-me, va pré-si-der lui-mê-me au re-pas qui vous ré-u-nit; les mets qu'on vous des-ti-ne, c'est sa bon-té di-vi-ne qui les pré-pare et les bé-nit.

2.

C'est lui qui dit aux graines
De germer dans les plaines,
Aux fruits de s'offrir à nos mains :
Père de la nature,
Il donne la pâture
Aux oisillons comme aux humains.

3.

Par lui les champs fleurissent,
Et les épis jaunissent,
Et sous la faux tombent les blés,
Et les feux de septembre
Viennent colorer l'ambre
De nos raisins mûrs et gonflés.

4.

Il nourrit le brin d'herbe,
Le chêne au front superbe,
Le bœuf pesant, le cerf léger ;
A l'enfant qui l'appelle
Sa bonté paternelle
Verse à boire et donne à manger.

## CANON A 3 PARTIES.

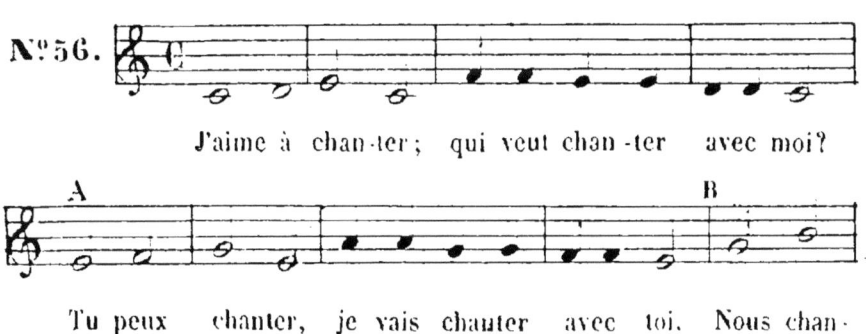

## APRÈS LE TRAVAIL.

*Imité de l'allemand par M. Delcasso.*

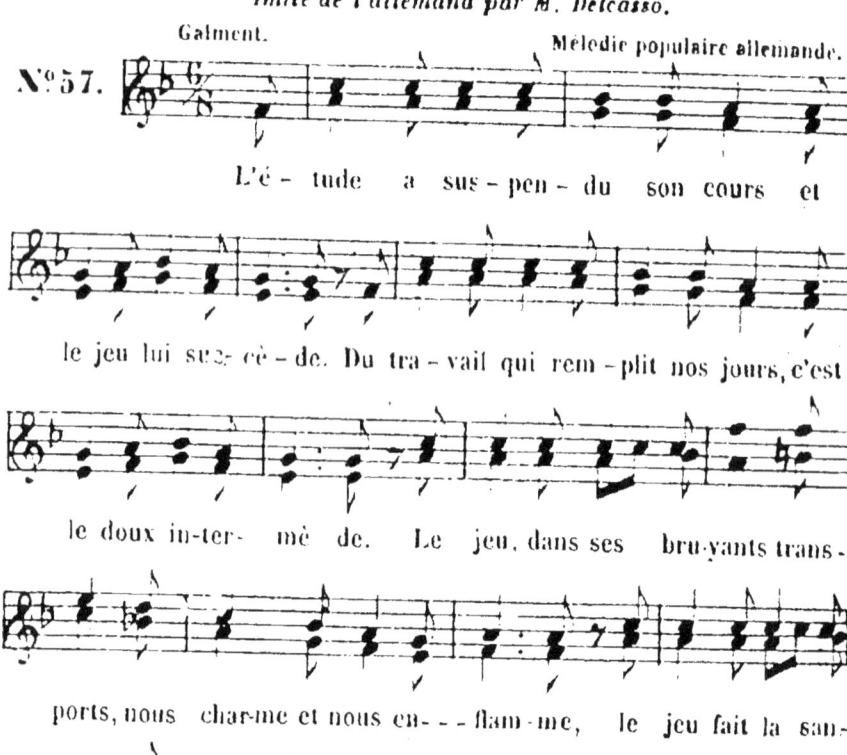

L'é-tude a sus-pen-du son cours et le jeu lui suc-cè-de. Du tra-vail qui rem-plit nos jours, c'est le doux in-ter-mè-de. Le jeu, dans ses bru-yants trans-ports, nous char-me et nous en- - -flam-me, le jeu fait la san-té du corps et la vi-gueur de l'â-me.

2.

Dieu qui régla de nos instants
La mesure et l'usage,
Veut que le plaisir ait son temps
Et vienne après l'ouvrage.
Quand l'homme fléchit au labeur,
Le jeu, par ses amorces,
Lui remet l'allégresse au cœur
Et retrempe ses forces.

## LA VIE EST BONNE.

*Imité de l'allemand par M. Delcasso.*

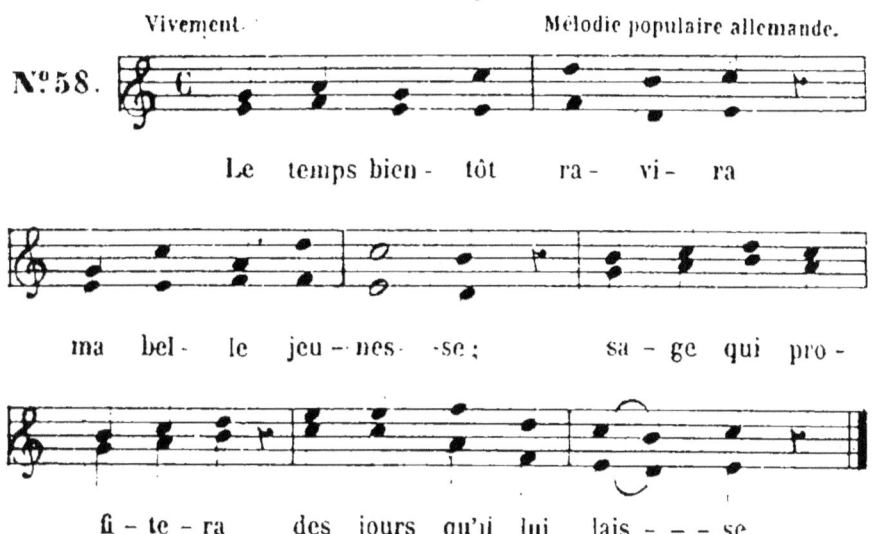

Le temps bien-tôt ra-vi-ra ma bel-le jeu-nes-se; sa-ge qui pro-fi-te-ra des jours qu'il lui lais-se.

#### 2.

L'oiseau qui n'a qu'un moment
 A se faire entendre,
Cadence plus vivement
 Sa voix douce et tendre.

#### 3

Le papillon velouté,
 D'une aile légère
Egaie au soleil d'été
 Sa vie éphémère.

#### 4.

La fleur qui brille un matin,
 Prodigue à la plaine
Et sa pourpre, et son satin,
 Et sa pure haleine.

#### 5.

Dans les champs et dans les bois,
 Tout rit et fredonne,
Et nous dit par mille voix
 Que la vie est bonne.

#### 6.

Pour qu'on fasse avec gaîté
 Son pèlerinage,
Dieu mit la sainte cité
 Au bout du voyage.

se, un ra - yon qui s'ef - fa - ce.

### 2.

Comme un astre en fuyant
S'éteint à l'orient,
Comme un accord de lyre
Qui mollement soupire,
Comme un accord de lyre
Le bel enfant expire.

### 3.

La perle du matin
Qui brille sur le thym,
Se fond et s'évapore
Au jour qui vient d'éclore.
La perle de l'aurore
Se fond et s'évapore.

### 4.

Rosée, étoile ou fleur,
L'enfant cher au Seigneur,
Rayon d'amour, aspire
Au paternel empire,
Et comme un chant de lyre
Monte au ciel qui l'attire.

## CHANT DU MATIN.

*Imité de l'allemand par M. Delcasso.*

Musique de C. G. GLAESER.

Avec dignité. Solo.

N.º 60.

La nuit pli-ant ses voi-les fait place au jour nais-sant, Et le chœur des é-toi-les s'é-loi-gne pâ-lis-sant.

Un peu plus lentement. Chœur.

Viens à pas lents, di-vin so-leil viens

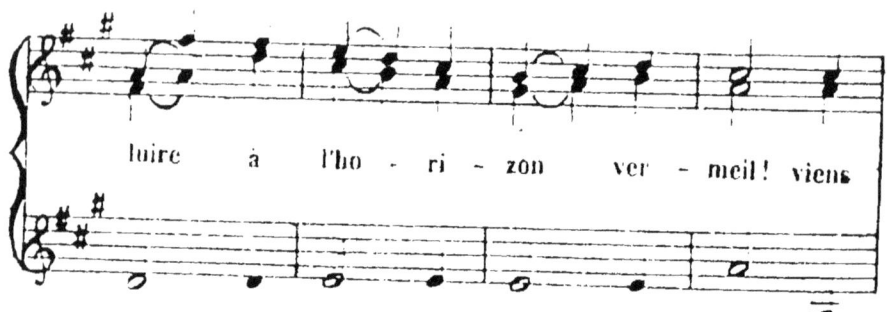

luire à l'ho-ri-zon ver-meil! viens

luire     à     l'ho - ri - zon     ver - meil.

2.

La lumière éternelle
Dont la source est aux cieux,
Des anges autour d'elle
Voit les fronts radieux :
Du feu divin, rayons dorés
Versez sur nous vos flots sacrés ! *(bis)*

3.

Dans la vallée obscure
Où marchent les humains,
Soleil de la nature,
Eclaire nos chemins :
Que ta vertu, que ta clarté
Nous donne force et vérité ! *(bis)*

## LES BATTEURS EN GRANGE.

*Imité de l'allemand par M. Delcasso.*

Mouvement modéré.      Mélodie populaire allemande.

N° 61.

L'au-be rayonne et la cloche qui son-ne
Ça, du courage et le cœur à l'ou-vra-ge,

ré-veille au loin les tra-vaux.
ar-mons nous de nos flé-aux    Que sur l'ai-re dure, à

coups re-doub-lés, on batte en mesure, on bat-te les blés !

Pim pan pan, pim pan pan, pim pan pan, pim pan pan,

pim pan, pan, pim pan pan, pan.

2.

La huche est vide,
Et le moulin rapide
Reste en panne à sommeiller.
La roue oisive
Et la meule inactive
Demandent à travailler.
Pour remettre en danse
Et meule et pétrin,
Battons en cadence,
Oui, battons le grain :
Pim pan pan, pim pan pan, pim pan pan.

3.

Dans chaque ferme
Un ciment lisse et ferme
Attend l'épi sec et jauni ;
Partout la gerbe
Ondoyante et superbe
Épand son trésor béni.
Quand l'été nous donne
Et paille et froment,
Battons en automne,
Oui, battons gaîment :
Pim pan pan, pim pan pan, pim pan pan.

www.ingramcontent.com/pod-product-compliance
Lightning Source LLC
LaVergne TN
LVHW050556090426
835512LV00008B/1194